Inhalt

Fair Value - Ermittlung in einem inaktiven Markt

Kernthesen

Beitrag

Fallbeispiele

Weiterführende Literatur

Impressum

Fair Value - Ermittlung in einem inaktiven Markt

A. Kaindl

Kernthesen

- Die Frage nach der Ermittlung des Fair Value in einem inaktiven Markt hat durch die Finanzmarktkrise enorm an Bedeutung gewonnen.
- Unbestritten sind derzeit für bestimmte Produkte die Märkte inaktiv.
- Mangels beobachtbarer Preise muss für diese Produkte der Fair Value mit einem Bewertungsmodell ermittelt werden.
- Auch die Anwendung von Modellen stellt die Bilanzierenden vor Probleme.

Beitrag

Als Folge der Finanzmarktkrise haben eine Reihe von Finanzmarktprodukten keine Umsätze mehr; aus aktiven Märkten sind illiquide Märkte geworden. In der Konsequenz muss der Marktwert mit Bewertungsmodellen ermittelt werden. Kritiker dieser Vorgehensweise bemängeln, dass ein auf diese Weise ermittelter Fair Value in der Krise nicht verwendet werden kann, da er nicht den inneren Wert eines Produktes widerspiegelt und die Finanzmarktturbulenzen verstärkt.

IFRS erlauben Abweichung von der Marktwertbilanzierung

Kapitalmarktorientierte Unternehmen erstellen ihren Konzernabschluss nach den International Financial Reporting Standards (IFRS). In den IFRS ist die Bewertung mit dem Fair Value (Marktwert) sehr stark verankert. Diese in den internationalen Bilanzierungsregeln vorgeschriebene Marktwertbilanzierung wird in der gegenwärtigen Finanzmarktkrise heftig kritisiert. Denn die Bilanzierungsvorschriften können insbesondere in Zeiten extremer Marktverwerfungen dazu führen, dass die Bilanzwerte von dem tatsächlichen ökonomischen Wert stark abweichen. In diesem Zusammenhang wurden erstmals für das 3. Quartal 2008 verbindliche Änderungen der IFRS veröffentlicht. Diese ermöglichen, dass Finanzinstrumente nicht mehr mit ihrem Fair Value in der Bilanz stehen müssen. Allerdings ist der Fair Value im Anhang anzugeben. Voraussetzung für die Anwendung dieser neuen Vorschrift ist, dass der Markt für dieses Finanzinstrument inaktiv ist (siehe KnowledgeSummary mit dem Titel: "IAS 39 Änderungen aufgrund der Finanzmarktkrise"). (1), (2)

Finanzinstrumente wie Staatsanleihen, Pfandbriefe sowie Anleihen von Banken und Unternehmen hoher Bonität waren bisher der vollen Marktvolatilität und den damit verbundenen prozyklischen Wirkungen ausgesetzt. Bis zur Aufweichung des Fair Value-Ansatzes mussten diese Bestände selbst bei inaktiven Märkten mit indikativen Marktpreisen anstatt mit Hilfe eines Modells bilanziert werden. Änderungen des Fair Values waren in der Neubewertungsrücklage zu zeigen und veränderten dadurch die Höhe des IFRS-Eigenkapitals. (1)

Unbestritten stellen die gegenwärtigen Finanzmarktturbulenzen die internationalen Bilanzierungsregeln auf eine ernsthafte Bewährungsprobe. Dennoch besteht kein Anlass, diese Regeln grundsätzlich in Frage zu stellen. (5)

Wann liegt ein inaktiver Markt vor?

Voraussetzung für die Bewertung eines Finanzinstrumentes mit Hilfe eines Modells ist das Vorliegen eines inaktiven Marktes für dieses Instrument. Die Inaktivität eines Marktes zeigt sich insbesondere in Form einer erheblichen Ausweitung der von Brokern genannten Geld-Brief-Spannen (das heißt nur indikative Preise) und durch einen deutlichen Rückgang des Handelsvolumens im Vergleich zur Vergangenheit. (1)

Ermittlung des Fair Value in einem inaktiven Markt

Im Zuge der Finanzmarktkrise hat die Frage der Ermittlung von beizulegenden Zeitwerten für Finanzinstrumente in inaktiven Märkten enorm an Bedeutung gewonnen. Neben dem IASB (International Accounting Standards Board) haben sich auch der Deutsche Standardisierungsrat (DSR) und das Rechnungslegungs Interpretations

Committee (RIC) mit diesem Thema auseinandergesetzt. Diese Gremien sind dabei zu folgendem Ergebnis gekommen: Für den Fall, dass der Marktwert aufgrund fehlender Marktpreise für ein Finanzinstrument nicht bestimmt werden kann, ist der Wert des Finanzinstruments mittels eines investitionstheoretischen Bewertungsverfahrens zu ermitteln. (4)

Beispielsweise kann das Discounted-Cash-flow-Verfahren verwendet werden. Dabei werden die zukünftig erwarteten Zahlungsströme abgezinst. (4)

Bei der Anwendung von Bewertungsmodellen sind, soweit vorliegend, am Markt beobachtbare Bewertungsparameter zu verwenden. Nur für diejenigen Bewertungsparameter, die nicht mehr an Märkten beobachtbar sind, kommt eine andere Ermittlung der Parameter zur Anwendung. Vorliegende Marktinformationen können daher nicht ignoriert werden, auch wenn der Markt für inaktiv erachtet wird. Der Bilanzierende steht dabei vor dem Problem, wie Bewertungsparameter zu ermitteln sind, die sich zwar am Markt beobachten lassen, deren Ausprägungen aber wesentlich von Marktverzerrungen beeinflusst werden. Die IFRS legen diesbezüglich fest, dass von den ursprünglichen Daten auszugehen ist, sofern keine Anhaltspunkte dafür sprechen, dass sich die ursprünglichen Daten inzwischen geändert haben. Zwar mögen die aktuell beobachtbaren Ausprägungen auch von Marktverzerrungen gekennzeichnet sein. Sie stellen jedoch Anzeichen dafür dar, dass die historischen Ausprägungen nicht mehr relevant sind und daher nicht ohne Anpassung verwendet werden können. (4)

Das IASB hat ergänzende Leitlinien zur Ermittlung des beizulegenden Zeitwerts in inaktiven Märkten herausgegeben. Die Leitlinien vermitteln die derzeit zulässige "Best Practice". Entwickelt wurden sie von einem speziell für diesen Sachverhalt eingesetzten Expertengremium. Im Fokus der Leitlinien steht eine Reihe von Fragestellungen, die im Zuge der aktuellen Finanzmarktkrise aufgetreten sind. Unter anderem werden dabei die Verwendung von indikativen Preisen, die Identifikation von sog. Notverkäufen sowie die Nutzung von getroffenen Annahmen bei der Anwendung von Bewertungsverfahren für Fälle, in denen keine Marktdaten verfügbar sind, thematisiert. Die Leitlinien sind unter http://www.iasb.org abrufbar. (3)

Erläuterung der Formulierung am Markt beobachtbare Parameter

Kann das bilanzierende Unternehmen nachweisen,

dass es Wertpapiere im Bestand hat, für die kein aktiver Markt mehr besteht, stellt sich nun die Frage, mit welchen Parametern die Cash-Flows zu diskontieren sind. Grundsätzlich gilt, dass am Markt beobachtbare Parameter bei der Modellierung berücksichtigt werden müssen. (1)

Der Diskontierungssatz setzt sich aus drei Komponenten zusammen: dem risikofreien Basiszinssatz, dem Zuschlag für das Kreditrisiko (Credit Spread) und einer Restgröße, die bei den betrachteten Produkten im Wesentlichen aus einem Aufschlag für das Liquiditätsrisiko (Liqudity Spread) besteht. (1)

Bei der Diskontierung der Cash Flows ist der risikofreie Basiszinssatz und der Credit Spread am Markt erkennbar und kann daher problemlos in die Modellierung einfließen. Der Liquiditätsspread ist auf inaktiven Märkten nicht beobachtbar, weil er weder von Brokern oder Preisserviceagenturen quotiert wird noch indirekt aus Transaktionspreisen abgeleitet werden kann. In so einem Fall ist der zuletzt auf einem aktiven Markt beobachtbare Liquiditätsspread heranzuziehen. Liegen Hinweise für eine nachfolgende Veränderung des Liquiditätsspreads vor, ist dieser anzupassen. (1)

Der Vorteil bei der Bewertung mittels eines

Bewertungsmodells besteht darin, dass die so ermittelten Preise tendenziell eher Transaktionspreise darstellen als die indikativen Kurse, da zu den indikativen Kursen keine relevanten Umsätze stattfinden. (1)

Fallbeispiele

Charlie McCreevy, das für den Binnenmarkt zuständige Mitglied der Europäischen Kommission, begrüßte die vom IASB herausgegebenen Leitlinien zur Bewertung von Finanzinstrumenten bei inaktiven Märkten. Damit erhalten die europäischen Unternehmen die dringend erforderlichen Klarstellungen, um interne Modelle für die Ermittlung des Werts dieser Wertpapiere anwenden zu können. Die Leitlinien tragen auch dem US-amerikanischen Ansatz Rechnung, so wurde sichergestellt, dass auf dem transatlantischen Kapitalmarkt gleiche Wettbewerbsbedingungen herrschen. (3)

Weiterführende Literatur

(1) Ermittlung bilanzieller Fair Values anhand der Discounted Cash-Flow-Methode
aus Zeitschrift für das gesamte Kreditwesen 22 vom 15.11.2008 Seite 1144

(2) Bilanzregeln für den Notstand
aus Börsen-Zeitung, 15.10.2008, Nummer 199, Seite 8

(3) Becker, Patricia, IASB-Leitlinien zur Bewertung zum beizulegenden Zeitwert bei inaktiven Märkten, GmbHR - GmbH-Rundschau 23/2008, S. R363
aus Börsen-Zeitung, 15.10.2008, Nummer 199, Seite 8

(4) Mitteilung des DSR und des RIC zur Ermittlung von Fair Values für Finanzinstrumente in inaktiven Märkten
aus Kapitalmarktorientierte Rechnungslegung, Heft 12 vom 1.12.2008, Seite 783

(5) Problemfelder der internationalen Bilanzierungsregeln im Lichte der Finanzmarktkrise
aus Zeitschrift für das gesamte Kreditwesen 19 vom 01.10.2008 Seite 977

Impressum

Fair Value - Ermittlung in einem inaktiven Markt

Bibliografische Information der deutschen Nationalbibliothek

Die Deutsche Nationalbibliothek verzeichnet diese Publikation in der deutschen Nationalbibliografie; detaillierte bibliografische Daten sind im Internet über http://dnb.d-nb.de abrufbar.

ISBN: 978-3-7379-1370-6

© 2015 GBI-Genios Deutsche Wirtschaftsdatenbank GmbH, Freischützstraße 96, 81927 München, www.genios.de

Alle Rechte vorbehalten. Dieses Werk ist einschließlich aller seiner Teile – z.B. Texte, Tabellen und Grafiken - urheberrechtlich geschützt. Jede Verwertung außerhalb der Grenzen des Urheberrechtsgesetzes bedarf der vorherigen Zustimmung des Verlags. Dies gilt insbesondere auch für auszugsweise Nachdrucke, fotomechanische Vervielfältigungen (Fotokopie/Mikroskopie), Übersetzungen, Auswertungen durch Datenbanken oder ähnliche Einrichtungen und die Einspeicherung und Verarbeitung in elektronischen Systemen.